Anonymous

Gesellschaften

Anonymous

Gesellschaften

ISBN/EAN: 9783744651066

Hergestellt in Europa, USA, Kanada, Australien, Japan

Cover: Foto ©ninafisch / pixelio.de

Weitere Bücher finden Sie auf **www.hansebooks.com**

Ueber
geheime Gesellschaften
zu

populärer Aufklärung

von

einem Protestanten.

Schweinfurth,
in Commißion der Grießbachischen Buchhandlung, 1786.

Was die Abhandlung über den Freymaurerkonvent zu Wilhelmsbad, von einem Mitglied desselben geschrieben, das alles nur erdenkliche Böse von seiner Gesellschaft publizirt; was St. Nicaise, ein Freymaurer, beynahe von allen Freymaurersystemen; was Anti-Nicaise, auch ein Freymaurer von jenem seinem Bruder; was die Berliner Monatsschrift von Rosenkreuzern und Jesuiten; was das Müncher Edict und das graue Ungeheuer, auch das politische Journal, von Illuminaten, und diese in ihrer Gegenschrift: Schilderung der Illuminaten, gegen den Bayerschen Hof, gegen die Person des Kurfürsten, und gegen Freymaurer, die nicht vom System der Illuminatenloge sind; was Winkopp von Jesuiten, ihrer Zudringlichkeit, und neuem System; was fast alle Journale und Zeitungen von geheimen Gesellschaften und ihrer Gefährlichkeit für Staaten und Menschheit, sagen, was der Kaiser mit den Logen in seinen Landen vornimmt, — dies alles muß im Publikum die höchste Sensation erregt haben. Was soll man denken, wenn die Berliner Monatsschrift unbewunden drucken läßt: Es sey den Jesuiten gelungen, Protestantischen Fürsten Neigung zum Katholizismus beyzubringen? oder gar, wenn Winkopp sagt: Er habe in das Jesuitische Spiel brave deutsche Fürsten verwickelt gesehen, und Menschenfurcht halte ihn ab, diese dem Publikum bekannt zu machen. Soll das alles Scherz seyn? alles Unsicherheit? alles Schwanken? alles nur aus der Luft gegriffene Hypothese? Wohl nicht! Sogar Schlö-

Schlözer nimmt einen Aufsatz auf, in welchem der Verfasser, so sehr er auch, mit Garven, über politische Gefahr ruhig ist, doch eingesteht, es bedürfe keiner weitern Beweise und Thatsachen. In welcher Periode von wunderbarem Kampf zwischen heimlichen Ränken und Publizität, zwischen Dunkelheit und Aufklärung, zwischen Licht und Finsterniß leben wir!

Wer liest, Berl. M. S. Oct. 1785, S. 358 f. f., folgende Liste der geheimen Gesellschaften, alle unter dem Generaltitul: Betrüger oder Betrogener, aufgestellt, und kann sich des Eckels erwehren? Loyolisten im gestickten Kleide, im Chorgewand, im einfachen Kittel des Bedürfnisses; Gasnerianer, Lavatersche Glaubensschwärmer, Martinisten, Insoucians, Mesmerianer, Sannambulisten, Anhänger vom Cagliostro, Schröpfersche Magier, Crusianische Magier, Bengelianer,

Rosenkreuzer, Lammsbrüder, Illuminaten und Minervalen, Kabbalisten, Verehrer Bahrdts, und andere Verbunde-ne, *) die den Zweck ihrer Vereinigung, der auf Grundsätzen der Ehre, der Wohlthätigkeit, der Aufklärung beruhet, nicht mehr wissen, und einander nach ächten Grundsätzen der Schwärmerey verfolgen. Wem eckelt, frage ich, dies Komplot nicht? Und nicht etwan in Europa nur ist es zerstreuet; nein! allein in Deutschland! Wer schämt sich nicht, — ist er ein ächter Deutscher, — wenn er, ebendas., liest: Es kann seyn, daß die Komitialluft etwas anziehendes für Kenntnisse hat, welche uns der Mühe des eignen Nachdenkens überheben! ꝛc. Und wem hat die Nation den Schandfleck zu danken, daß gesagt werden muß: an keinem Orte der Welt

*) Wegen dieser andern Verbundenen weiset Biesters Correspondent auf St. Nicaise, und dieser redet von — dem Freymaurerorden.

Welt seyen mehr Verehrer solcher neuen Wissenschaften, (das heißt, kurz vorher: Betrüger und Betrogener!) vorhanden, als an dem Wohnsitz des Reichstags? Wem unsre Fürsten das, daß man einigen unter ihnen laut Schuld giebt, sie seyen in dem schändlichen Spiel der Jesuiten mit verwickelt? Wem anders als — **den geheimen Gesellschaften!** wird man antworten. —

Das ist etwas, aber noch lange nicht alles! Noch lange nicht ist dadurch alles erschöpft.

Wem haben diese Sozietäten ihr Daseyn zu danken? Welche war die Erste? Wer schuf diese? Warum duldete man diese Erste? Weil man vermuthlich nicht schuldig ist, zu wissen, daß eine geheime Gesellschaft vorhanden ist? Wer so antworten kann, ist nicht klug, oder er gehört mit zum Komplot.

Ich will versuchen, ob ich mir meine Fragen selbst beantworten kann.

1) Wem

1) Wem haben diese Sozietäten ihr Daseyn zu danken?

Diese Frage hängt genau mit der zwoten zusammen: Welche war die Erste?

Ehe ich sie auflöse, bemerke ich vorher: Eine Gesellschaft ist nur dann geheim, wenn man entweder von ihrem Daseyn gar nichts weiß, oder: wenn ihr wahrer Endzweck, und die Mittel, denselben zu erreichen, ein Geheimniß für den Staat und für das Publikum sind. So viel ich weiß, kann von der ersten Art geheimer Sozietäten die Rede gar nicht seyn. Wer denkt ein Ding, dessen Existenz kein Mensch weiß? Aber unsre Aufklärungsjäger kümmern sich auch darum so wenig, als der Staat, und das von Rechtswegen. Ich bleibe also bey der zwoten Art geheimer Gesellschaften stehen. Es sind solche, deren wahrer Endzweck, und die Mittel, denselben zu erreichen, ein Geheimniß für Staat und Publikum sind.

sind. Diese Gesellschaften samt und sonders
hat Biesters Correspondent genannt, und diese
sind es, die ich hier betrachten will. Die erste
Frage: Wo kommen sie her? oder, welches beynahe eben so viel ist: Welche war
die Erste? fällt dem Forscher sofort ein.

Welche Gesellschaft dieser Art war die
Mutter aller übrigen? Biesters Monatsschrift
nennt sie ja klar: Loyolisten!

Die Jesuiten sind es also ohnfehlbar; und
wer so schwachsinnig, oder auch so — Gar-
veischphilosophisch, wäre, zu zweifeln, daß
Jesuiten ein Schlangengeheck sind, das sich
mitten im Protestantismus entwickelt, — mit
dem ist weiter nichts abzuhandeln. Und, wo
kommen nun die Jesuiten her? — Aus dem
Paradies! lieber Einfältiger! und Rom —
nun, lies Kirchen- und Profängeschichte; oder,
ist dir dies zu langweilig, nur unsre neue-
sten Zeitschriften; nur die Berliner Monats-

schrift; nur Winkopp; nur Nicaise und Anti-Nicaise.

Also nun zur dritten Frage: Warum duldete man sie? Aus dem natürlichen Grunde, weil man ihren wahren Endzweck Anfangs sich so wenig träumen ließ, daß erst ein paar Könige ermordet werden mußten, ehe den Völkern die Augen aufgiengen. — Endlich wurden sie aber — aufgehoben? — Sancta simplicitas! Geh nach Norden; lies die Geschichte der Jesuiten in Weis Reussen, und — Winkopps Deutschen Zuschauer. Und, vergiß nicht, daß es auch Jesuiten in gestickten Kleidern, und im einfachen Kittel des Bedürfnisses giebt, also in Ständen, wo du sie wohl nie gesucht haben würdest; und das alles in Kraft ihrer Stiftung und geheimen Endzwecks. Ihr bestes und einfaches Mittel giebt ihnen — der Schneider, und nie lebten sie ein lebendigeres Leben, als eben itzt.

Allein

Allein man duldet sie doch nur noch sehr eingeschränkt? — Mit nichten! Man duldete sie nie mehr als itzt. Denk an den Schneider, und lies mit Verstande.

Ehe noch ein katholischer Hof bran dachte, die Loyolisten aufzuheben, streueten sie dem Protestantischen — (oder überall dem Nichtrömischen) Publikum nicht minder Staub in den Pfeffer, als itzt. Also merk abermals, das ganze Nichtrömische Publikum, das sie als anerkannte unverkappte Jesuiten sofort ausgespieen haben würde, litt sie, unter jedem andern Gewand, weil es mußte; weil es sie nicht kannte. Das ganze Nichtrömische Publikum hat also nichts durch ihre Aufhebung gewonnen. Bey uns trieben sie ihr Spiel, der Stiftung und Abrede gemäß, ununterbrochen bis auf die heutige Stunde fort. Sie wurden, nach Luthers Reformation — ad conversionem Infidelium gestiftet. — uns

uns Nichtrömische alle wieder unter Sanct Peters Stuhl (es giebt aber gar mancherley Stühle in der Welt!) zurückzubringen. Nun, lieber guter protestantischer Bürger und Landmann, so aufgeklärt hat sich doch wohl Doctor Luther gemacht, daß du vermuthen wirst, der Pabst werde den Jesuiten nicht aufgetragen haben, in schwarzen langen hochgegürteten Rock unter uns herumzuwandeln, Rosenkränze, Bilderchen, Agnus Dei, und andere geweyhete Sächelchen für baar Geld zu verkaufen, oder gar, wie der Exequter Tetzel, dir dein Geld abzunehmen, und dir dafür die ewige Seeligkeit zu versprechen? Kurz, um unter den Protestanten Proselyten zu machen, und diese Infideles zu bekehren, dazu bedurfte der Pabst gescheute Leute, und diese gescheuten Leute würden es sehr tumm gemacht haben, wenn sie uns das Römische Evangeltum im Pfaffenrock hätten predigen und

und gerade zu verkündigen wollen: Wir sind da, euch zu bekehren.

Daraus folgt nun ganz natürlich, daß sie es klug machen mußten, und das haben sie freylich gethan. Der Beweis davon ist der, daß wir alle nicht ein Wort von ihrer Handthierung unter uns wußten, bis die Vögel per indirectum erwischt wurden.

Da hatten sie, wie gesagt, andere Röcke angezogen; gaben sich für Philosophen aus, für Protestanten, für Edelleute, Kaufleute, Künstler, *Freymaurer*, und so weiter. Endlich machten sie sich gar an unsre Geistlichen, machten die erst zu Freymaurern, und beschoren einem den Kopf, und nahmen ihn in den Jesuitenorden auf, wie das alles in der Berliner Monatsschrift, und im Anti-Nicaise zu lesen ist, auch im Deutschen Zuschauer noch klärer wird ausgeführt werden, wenn der Verfasser

faſſer dieſes Buchs Zeit und Erlaubniß dazu
erhalten wird.

Wie ſie das alles konnten? Wie ſie etwas
von der Freymaurerey erwiſcht haben? Das
iſts eben! Und, hätten die Freymaurerſecten
einander das nicht ſelbſt vorgeworfen, hätten
wirs nicht aus der Abhandlung über den Konvent zu Wilhelmsbad, aus Nicaiſe und Anti-
Nicaiſe, und aus der Berliner Monatſchrift er-
fahren, wir würden nie etwas davon wiſſen.
Aber, daß ſie ſich unter die Freymaurer miſchen
konnten, das gieng wohl ſehr natürlich zu.
Die Freymaurer nehmen jeden ehrlichen Mann
auf. Und, wie wenig dazu gehört, bürger-
lich ein ehrlicher Mann zu ſeyn, und wie noch
viel weniger dazu, Freymaureriſch ein auf-
nehmbarer Mann zu ſeyn, das könnt ihr alle
Tage bey Aufnahme neuer Bürger in kleinen
Städten gewahr werden, und ihr dürft euch
nur beſinnen, was für junge Laffen ihr — ne-

ben

ben manchen ehrwürdigen Mann — aus den Logen habt gehen sehen, um euch das alles leicht zu erklären. Die Freymaurer nehmen ferner alle ehrliche Leute in ihren Orden auf, ohne sich drum zu kümmern, ob sie Lutherisch, oder Reformirt, oder Griechisch, oder Mennonitisch, oder, (wie St. Nicaise sagt,) gar Jüdisch, den lieben Gott anbeten. Daraus folgt denn natürlich, daß die Religion nicht hinderte, alle Jesuiten in Logen aufzunehmen, die mitten in den Protestantischen Ländern errichtet waren. Die katholische Logen durften ja auch nur Jesuitische Brüder abschicken; als Brüder waren sie allenthalben willkommen. Sagt doch sogar die Abhandlung über den Konvent zu Wilhelmsbad, wo von allen Enden und Orten die vornehmsten und verständigsten Freymaurer zusammgekommen waren, daß da sogar Jesuiten gewesen sind.

Nun,

Nun, merkt noch etwas. Was die Freymaurer sind, und woher sie kommen, und was ihr Endzweck ist, und wer ihre Vorgesetzten, (oder wie sie es nennen, ihre Obern) sind? — davon wissen sie — nicht ein Wort mehr, als wir alle; denn eben um das ausfindig zu machen, kamen sie in Wilhelmsbad zusammen. So sagt die Abhandlung, und kein Mensch hat den Mann, bisher noch, einen Lügner genannt, der sie schrieb. Der Konvent gieng auch, unausgemachter Sache, wieder aus einander. Also wissen sie es wohl noch immer nicht. Nun zählt euch einmal an euern fünf Fingern ab, ob die Jesuiten da nicht ein hübsches Fleck hatten, sich herumzutummeln? Wenn sie nun den Freymaurern hätten weis machen wollen, die Freymaurerey wäre Römischkatholischen Ursprungs; sie stamme aus dieser Kirche her; ihr Endzweck sey, die Alleinherrschaft des Römischen Pabsts

allge-

allgemein zu machen, und ihre Obern, die sie bisher nicht kannten, seyen — die Jesuiten — so wären doch wohl alle obige Fragen des Konvents beantwortet gewesen?

Nun, das hätten ihnen wenigstens die Protestantischen, Griechischen, Jüdischen rc. Freymaurer nicht geglaubt.

Meynt Ihr das würklich?

Aber, denkt nur ein wenig weiter nach! Die Freymaurer haben, **als Freymaurer**, gar keinen Griechischen, Römischen, Reformirten, Lutherschen, Jüdischen rc. Glauben. Sie glauben, als **Freymaurer**, nur an den **großen Baumeister**. Ihr werdet ja das in ihren Liedern und Reden gelesen haben, oder könnt es alle Tage noch lesen. Vors Zwente, wenn die Freymaurer den Jesuiten das nun würklich geglaubt hätten? Daß sie es haben, will ich Euch aus ihren eignen Schriften beweisen. Leset nur, was Nicaise der Fr. M.

B   Secte,

Secte, die sich die strenge Observanz nennt, vorwirft. Da sagt er, sie hätte den Tempelherrnorden wiederhergestellt; hätte, in Protestantischen Ländern, Tempelherrn, Comturehen gehabt, Kapitul gehalten u. s. w. Nun war ja der Tempelherrnorden ein Römischkatholischer Orden, und so folgt dann, daß diese Secte auf einem Römischkatholischen Fußgestell stand, ohne daß das einem einzigen, oder unter 1000 solcher Tempelherrn vielleicht kaum 999 einfiel; und, wenn der Tausendste auch dran dachte, so gieng ihm das, als Freymaurer, gar nichts an, weil er den großen Baumeister als Tempelherr eben so gut anbeten konnte, als wenn er beschnitten gewesen wäre. *) Meister Nicaise bekam nun bald

einen

---

*) Uebrigens gewann ja der Tempelherrnorden durch den Katholizismus gar sehr. Die Freymaurerey erhielt ihren Endzweck, allgemeiner Ausbreitung, unmittelbar durch Allgemeinheit des Römischen Systems mit. Sie bekam statt chimärischer Commenden, würkliche,

und

ehen Gegner, der sich Antti-Nicaise nannte. Der gestand ihm das alles ein, und meynte: Protestanten könnten ja katholische Ritteror: den annehmen. Aber, er entdeckt zugleich, — wohl nicht aus Vorsatz, — daß der Stifter dieses Tempelherrn-Freymaurer-Systems ein deutscher Edelmann gewesen wäre, der, um einer Dame willen, in Frankreich, Katholisch geworden sey. Da werdet Ihr es nun wohl für kein großes Mirakul halten, wenn ein Rö: mischer Proselyt alle Bogen seines Systems, (und dies ist gerade eins der herrschenden in Deutschland!) durch diesen verzweifelten Tem: pelherrnorden an Rom ankettet, ohne daß die Ritter mehr davon wissen, oder vermuthen, als Fürsten und Edelleute und Bauern ehe-

mals

und da es ihr nichts angieng, ob der Pabst oder die Fürsten, ob Luther oder das heilige Collegium in der Kirche herrschten, so begünstigte sie Roms Schritte, und hofte dafür auf — Commenderien, die die Je: suiten versprachen, und die ihnen die Protestantische Fürsten vorenthielten.

mals davon; warum der Pabst sie ins gelobte Land schickte! Und nun die unzählige Menge alle der Freymaurer, von 3 Graden, die das innre gar nicht kannten, und die unter diesen Tempelherren, (oder Schottischen Meistern, wie sie sich nannten, ehe es heraus kam, daß sie Tempelherren waren,) standen, und von ihnen, als Oberen, dirigirt wurden, — diese alle wußten noch weniger davon, und giengen, in ihrer Unschuld, stracks auf Rom zu. Daß aber dies System ein garstig System gewesen seyn muß, das fand doch der Konvent zu Wilhelmsbad am Ende selbst; denn er beschloß, daß es

„höchstnöthig sey, dem Tempelherrnsy-
„stem zu entsagen, um die Ruhe
„der Staaten zu versichern.

Die Freymaurerey ist also dem Staat gefährlich, nach dem eignen Geständnis des Konvents. Ein großes Mitglied desselben, dem noch kein

Frey-

Freymaurer das Gegentheil bewiesen hat, sagt das laut, und die Staaten — — schwiegen still darzu! Ihr könnt Euch da beyläufig auch Antwort auf die Frage denken:

„Warum duldet man sie?

Aber Anti=Nicaise bezahlt seinen Gegner auch mit eben der Münze. Er beweiset ihm, daß er ein Protestantischer Geistlicher, in der Römischen Tonsur, ein Jesuit sey, der auch eine Secte in dem Fr. M. Orden, unter dem Nahmen: Clerici Ordinis habe errichten, und diese über die Tempelherrn habe erheben wollen. Diese aber hätten es nicht zugeben mögen, aber sie doch als Brüder erkannt. Also, da habt Ihr es ja: der Bruder Tempelherr Freymaurer erkennt den Bruder Clericus Jesuit für seinen Bruder. Es ist doch also hübsch mit der Religion des großen Baumeisters! Die macht tolerant und Bruder Ebräer ist so gut, als Bruder Diakonus. Und das auf thut sich auch Bruder Anti-Nicaise was rechts zu gute, uns dickköpfigen Protestanten die große Entdeckung zu machen, daß die Toleranz — das große Steckenpferd deutscher Nation! — erst durch die Logen — das heißt: durch die Freymaurerey, — eingeführt worden sey.

Nun wüßten wir doch, wie es zugegangen wäre, und der Mann kann sehr recht haben. Denn fast in jedem Protestantischen Marktflecken setzte sich eine Tochterloge an, jede war ein Tempel des großen Baumeisters, die wichtigsten Einwohner des Städtchens oder der Stadt waren immer Freymaurer, die, innungsmäßig, nie so orthodox und intolerant seyn durften, einheimische und fremde Brüder zu fragen: glaubt ihr am Statthalter Jesu, oder an Jesum selbst? und so war's natürlich, daß sich diese Duldung weiter ausbreitete, als die Schranken der Vernunft und der gesunden Staatspolitik es sonst gestattet haben

wür-

würden. Denn, daß man keinen Menschen darum verfolgt, weil er an des Pabsts Ohnfehlbarkeit glaubt, das will die Vernunft und die Menschlichkeit; aber, daß wir, innungsmäßig, alle *nur* an den **großen Baumeister** glauben sollen, und, wenn wir an etwas Bestimmtern glauben, diesen Glauben für den allein wahren halten, und nicht gern sehen, daß der große Baumeister uns den Sohn Gottes verdränge, für alberne schwachgläubige Leute ausgegeben werden, — das ist — *sehr intolerant!* Da lärmen zwar die Herren, wenn man ihnen selbst Unduldsamkeit vorwirft, indem man ihnen *philosophische Proselytenmacherey* schuld giebt; aber, sie wollen nicht sehen, daß eine Philosophengesellschaft, (die dazu gemeiniglich aus solchen Leuten besteht, die den Ton im Städchen angeben können,) wenn sie unser *Verstandmaas* nicht toleriren will, und uns für Narren ausgiebt, zehnmal intoleranter ist, als ein Pfarrer, der, aus Pflicht und Ueberzeugung, von der Kanzel herab sagen muß: Wer den Sohn nicht hat, der hat auch den Vater nicht. Ich möchte doch wissen, wer mehr Recht dazu hätte, unsern Verstand und unser Herz nach gewissen Vorschriften zu lenken und zu erleuchten: Der Pfarrer, der dazu verpflichtet ist, uns Bibel und Evangelium zu predigen, oder der Anbeter des großen Baumeisters, den nichts dazu verpflichtet, als seine Eitelkeit, aber allenfalls seine Ordensregel, die noch kein Staat privilegirt hat, und eben so wenig der Westphälische Friede?

Ich will Euch die Sache noch ein wenig weiter auseinander setzen. Daß die Jesuiten dazu da sind, uns Ungetreue, Abtrünnige wieder zurückzubringen, das steht wörtlich in ihrer Stiftungsbulle. Wenn sie nun, —

im

im Ordenskleide oder im gestickten Rock, oder im Frack, zu uns kämen, und predigten: Der Pabst kann nie lügen; die Jungfrau Maria ist da noch Jungfrau geblieben, als sie mit Joseph Kinder zeugte; ein Römischer Priester kann Teufel bannen, aus dem Fegfeuer los beten, und aus Wasser und Mehl Gott machen, u. s. w. so würden wir zwar wohl alle tolerant genug seyn, zu glauben, der Mann habe das hitzige Fieber, und würden ihn ins Hospital schicken, oder ihn auslachen; aber bekehren würde er keinen unter uns. Allein, bekehrt, oder wie es deutlicher in der Bulle ausgedruckt ist: wieder zurückgebracht, (unter Sr. Heiligkeit zu Rom Gewalt,) das sollen wir nun ein für allemal werden. Der Pabst und seine Werber müssen uns also nehmen, wie wir sind. Nun hat ers endlich so weit gebracht, daß seine Glaubensgenossen selbst über seine Person eben so helle sehen als wir. Kein

ver-

vernünftiger Mensch glaubts ihm mehr, daß ein Mensch in Rom mehr als ein Mensch, und, daß der Statthalter Jesu mehr als Jesus selbst sey; oder daß der Heiland der Welt überall einen Statthalter brauche. Kurz, mit Mährchen aus dem 8ten und 10ten Jahrhundert ist unter gescheuten Leuten aller Religionen nicht mehr anzukommen, und, unglücklicher Weise für den Pabst giebts in manchem Protestantischen Dorfe mehr gescheute Köpfe, als vor 800 Jahren vielleicht in ganz Deutschland. Wir sind also Leute, die schon an der Bibel genug zu glauben haben, und die es dem lieben Gott herzlich danken, daß er uns keinen Unsinn zu glauben befohlen hat. Aber wir haben so eine gewisse andere Seite, da wir schwach sind, und der Pabst hat eine gar feine Nase, wie Ihr wißt. Doctor Luther gab uns die Bibel, und räumte unsern Verstand auf: Das mißbrauchen nun die meisten unter uns. Wir

Wir lesen die Bibel, und es ist uns nicht verboten, das gelesene zu beurtheilen. Unsre Gottesgelehrten Herren auf den Universitäten haben gar die Erlaubnis, zu sagen, und in deutscher Sprache es drucken zu lassen, daß manche Stellen, ja ganze Bücher der Bibel, erdichtet, untergeschoben wären; daß Christus und die Apostel ganz etwas anders gelehrt hätten, als Dr. Luther zu seiner Zeit in der Bibel gefunden habe. Das lesen wir denn so, und fangen an zu grübeln, zu zweifeln, und vom zweifeln zum nichts glauben ist nur ein sehr kleiner Schritt. Gute $\frac{6}{9}$ Protestanten in Deutschland glauben im Grunde Nichts, wenn gleich nur $\frac{1}{9}$ das laut sagen darf; $\frac{2}{9}$ schwanken noch, und das letzte kleine Neuntheil ist noch Lutherisch und Calvinisch orthodox. Das weis der Pabst sehr gut. Da schickt er nun die Jesuiten her, in tausenderley Röcken und Gestalten. Die stellen sich

denn

denn recht zutraulich. Ihr habt recht, sagen sie, und schreiben sie, Luther, Melanchton, Calvin, waren dickköpfige Pfaffen, und eure orthodoxen Geistlichen würden alle Päbste seyn, wenn sie nur dürften. Es ist genug, wenn man an Gott glaubt, und ein ehrlicher Mann ist. Die größten Weisen des Alterthums dachten so; die gescheuten Katholiken denken eben so. Seyd also tolerant gegen sie. Sie sind ja eure Brüder. Wir wollen gern die Hand zur Vereinigung bieten. Ceremonie bleibt Ceremonie; darüber wollen wir uns schon vergleichen. Ihr könnt sie ja, um des Friedens willen, mit machen; wir wollen schon dispensiren. (In der Berliner Monatsschrift steht z. B. der Pabst habe sogar einen getauften Juden dispensirt, als ein Jude fortleben zu können.) Eure Fürsten kümmern sich viel um solchen Plunder; ihr habt ja völlige Gewissensfreyheit. Nutzt das doch! Wir

glau-

glauben ja alle an Einen Gott. Seht doch einmal die **Freymaurer** an; die sind alle Brüder, ohne Rücksicht auf die Confession, und sie befinden sich wohl dabey; und das sind doch, wie ihr wißt, eure **besten** und **klügsten** Köpfe. Eure vernünftigsten und gelehrtesten Theologen denken ganz anders als Luther und Consorten. Es wird nicht eher **Friede** auf der Welt, bis die Menschen alle **Eine** Religion haben. Das steht ja selbst in der Bibel. Ihr seyd so gescheute Leute, und es würde Euch wenig Ehre machen, wenn Ihr noch so dumm und so hartnäckig seyn wolltet, als unser katholischer Pöbel. Laßt den! Mit der Zeit soll er schon auch vernünftiger und duldsamer werden. Aber, wie kann er das, so lange er sieht, daß Ihr ihn eben so sehr verachtet und anfeindet, weil er Römisch heißt, als er Euch, weil Ihr nicht Römisch heißt? u. s. w.

Klingt

Klingt das nicht hübsch? Aber, sie verschweigen Euch, daß das Konzilium zu Trident die Römische Kirche absolut intolerant gemacht hat, und ewig ohnfehlbar. Also ist ihr Vereinigungsgeschwätz Lüge und Tücke. Seht, meine Freunde, so reden die Jesuiten, und so schreiben sie; und das nennen sie Toleranzsystem, und so setzen sie sich fest. In dem Deutschen Zuschauer stehts, daß sie alles können; daß Ein Jesuit der strengste Moralist, und der Andere ein Kuppler ist. Alles können sie auf einander passen und reimen, wie den Deckel auf die Schachtel. Wo sie nun aber damit nicht ankommen, und mit komplimentiren und hofieren an protestantischer Vernunft und Eigendünkel nichts ausrichten, da giebts ja andere menschliche Blöße! Z. B. Neugierde, Goldsucht, und dergleichen. Die Neugierigen werden in geheime Gesellschaften eingeweyhet, die von gar mancherley Stoff sind.

sind. Ich habe sie Euch oben genannt. Es giebt welche, worinnen man allerley schöne Künste lernt, sogar Gold zu machen, und Goldmachen ist eine gar feine Sache, ist auch weder vom lieben Gott noch von Dr. Luthern verboten, und wer Gold machen kann, der braucht sich **um die großen Herren nichts mehr zu bekümmern.** Ist das nicht schön? Und das alles lernt Ihr in den geheimen heiligen verschwiegnen Kreisen, wo ihr unter gar tiefsinnigen Gebräuchen, und gegen unbedingten Gehorsam für Eure verborgenen gütigen Obern, zu Priestern der Natur, zu Zauberern, oder auch zu Minervalen, zu Sehern und Propheten eingeweyhet werdet, bis Ihr — bis über die Ohren — und ohne den Weg wieder zurück finden zu können, — mitten in Roms Zauberhöle steht. So bemächtigt man sich Eurer Leidenschaften um Euren Verstand erst zu körnen, und nun führt man Euch

Euch an die Hôle, verbindet Euch die Augen, fordert despotisch Unterwerfung der Vernunft unter den Aberglauben! Und Ihr, die Ihr, als Protestanten, nichts erhabner kanntet, auf nichts eifersüchtiger war't, als auf die Freyheit Eures Verstandes, Ihr verläugnet ihn so leicht, um das Glück zu haben, der Geheimnisse einer Euch ganz unbekannten Gesellschaft, oder Ordens, theilhaftig zu werden, die Glauben verlangt, aber keine Untersuchung zuläßt? In welcher Ihr Vorzug für andern ehrlichen Leuten, Freyheit in bürgerlicher und religiöser Rücksicht, sucht, und erwartet, und wo man Euch den Eyd, unauflöslich gefesselt zu bleiben, auflegt!

Das alles thaten und thun die Jesuiten, und Ihr kanntet sie nicht, weil sie **bunte Röcke** trugen, und Euch weis machten, Ihr hättet so viel Anlage zur — **Philosophie!!**

Seht

Seht da, wie leicht, aber wie gefährlich es ist, mit Worten zu spielen; wie leicht das einer dahin bringt, mit Sachen zu spielen, und wie gut es ist, in der Jugend sein bischen Grammatik und Katechismus tüchtig gelernt zu haben. Darinn liegt große und wahre Philosophie! Ich will Euch das mit einem Exempelchen beweisen. In der Bibel stehn tausend Dinge, die sich mit der Vernunft gar nicht **begreifen** lassen. Es giebt also, und gab längst schon, Leute genug, die diese Dinge **eben darum nicht glauben.** Wenn ihr nun Eure eigne Muttersprache verstündet, so würdet Ihr auch wissen, daß man das, was man begreift, nicht glauben kann. So begreift man z. B., daß 2 und 2 vier thut; aber eben darum kann man's nicht glauben; oder, wenn Euch das verständlicher wäre: man **braucht** es nicht zu glauben, wenn man nur vier Finger an der Hand zählen kann,

C und

und will. Nun leset ihr im ersten Buch Mosis, der liebe Gott habe gesagt: Es werde Licht; er habe die Welt aus nichts weiter, als aus seinem Wort geschaffen. Das begreift die Vernunft nicht, also muß man es glauben. Doctor Luthern gieng es da wie uns allen. In seinen Tischreden sagt ers auch: Er begriffs nicht, und, aus gar Nichts Etwas machen, das gehe nicht an. Da meynte er, natürlicher Weise, kein Mensch könne es begreifen, und kein menschlicher Verstand es erklären, wie Etwas aus Nichts, auf bloßen göttlichen Befehl, entstehen könne. Aber läugnen wollte er darum die Sache nicht, sondern er glaubte es dem lieben Gott und Seinem Wort. Unter uns giebt es aber tausende, die alles aus der Bibel wegläugnen, was sie nicht begreifen können, und die sich deswegen für rechte kluge Leute halten. Wenn sie aber eben so ehrlich gegen sich selbst wären, als sie klug zu seyn mey-

meynen, so würden sie bald gewahr werden, daß sie — sich selbst, den hellen lichten Tag, und Millionen der alltäglichsten Sachen, aus eben dem Grunde, weil sie nicht begreifen, **wie** diese Sachen da sind, wegläugnen, das heißt so viel, als: — die allerdümmsten Leute von der Welt seyn müßten. Denn, welcher Mensch hat denn noch mit seinem Verstande begriffen, **was das Licht** sey, oder, **wie** der Mensch in Mutterleibe gezeugt werde, **wie** Geist und Materie sich verbinden können? u. s. w. Das alles muß man also glauben.

Gut, könnt ihr antworten; das alles sieht man doch; es fällt doch in die Sinnen, und man kanns also nicht wegläugnen ꝛc. Aber, liebe Freunde, die Rede ist ja nicht von den Dingen, die man sieht, sondern von der **Ursach** ihres Daseyns, die man nicht sieht, die man also nicht begreifen kann, also, nach Eurem Grundsatz, wegläugnen; oder, wenn man das nicht will, zugeben muß, daß es nichts weiter als Widerspruch und böser Wille sey, wenn man nur dem Wort Gottes allein, seiner Unbegreiflichkeit halber, den Glauben versagen will, an den man sich doch in den allergewöhnlichsten Dingen auf der Welt halten muß, oder für einen sehr albernen Menschen angesehen wird.

Aber nun sagt mir doch, wie es zugehe, daß die nemlichen Leute, die so superfein und klug die Bibel lesen, und dem lieben Gott nichts aufs Wort glauben wollen, gleichwohl so leichtgläubig in Absicht der Geheimnisse der geheimen Gesellschaften seyn können? Ich habe oben gesagt, was ich unter geheimen Gesellschaften verstehe; solche nemlich, deren Geheimnisse der Uneingeweyhte nicht weis. Warum behandelt ihr diese nicht eben so, wie ihr doch die Bibel und den lieben Gott selbst, behandelt? Ihr begreift ja, z. B. kein Wort davon, was die Freymaurerey sey? Ihr könnt es in Ordens-

schrif-

schriften lesen, daß das die ältesten und erfahrensten Ordensglieder nicht einmal wußten, also die geringern und jüngern noch weniger, also noch tausendmal weniger Ihr. Und doch laßt Ihr Euch weis machen, daß das die ehrwürdigsten Geheimnisse von der Welt wären, die eine Gesellschaft besitze, deren Nahmen Ihr, so wenig als sie selbst, dechiffriren könnt! Warum läugnet Ihr denn hier das Unbegreifliche nicht weg? Und, beym Glauben an der Bibel lauft Ihr gar keine Gefahr; aber, beym Glauben an der Ehrwürdigkeit aller geheimen Gesellschaften und ihres verborgenen Endzwecks, gar viel, weil, (wie es bewiesen, von **Freymaurern** endlich **selbst** gesagt worden ist,) **Jesuiten dahinter stecken.** Und, daß sie es darauf anlegen, Euch alle wieder dem Pabst zu unterwerfen, das wißt Ihr nicht nur aus ihrer Stiftung, sondern Ihr könnt es auch an den Mitteln sehen, deren sie sich, durch

die geheimen Gesellschaften, bedienen. Z. B. Es giebt eine Freymaurersecte, die heißt: Rosenkreuzer. Die Berl. M. S. giebt diesen den heimlichen Jesuitismus schuld, weil sie Aberglauben verbreiteten. Die Rosenkreuzer selbst aber, obschon sie das eingestehen, daß sie Freymaurer sind, wollen das schlechtweg nicht einräumen. Sie behaupten aber, in ihren Ordensschriften, daß sie einen Grad hätten, den höchsten, den sie den magischen nennen. Wer den besitze, sagen sie, der könne, durchs *Fiat* —; also just durch das, wodurch der liebe Gott die Welt schuf, — den Geistern befehlen, Gold aus Kieselsteinen machen u. s. w. Das glaubt Ihr ihnen nun, laßt Euch erst von ihnen zu Freymaurern machen, leistet ihnen einen Eid des Stillschweigens und des Gehorsams, gebt Eure Vernunft da unter den blinden Glauben gefangen, und, wenn Ihr gleich in Euerm Leben keine Magi werdet, so

stimflimmert Euch doch das Gold immer vor den Augen, und die Universalmedizin für Euren Leichnam. Denkt nun einmal, wenn Ihr erst so weit gebracht seyd, Euch fest zu überzeugen, es könne Menschen geben, die Kieselsteine in Gold verwandeln könnten, und zwar durch bloßes Fiat, oder allenfalls auch durch höhere Chymie, würde es denn den Jesuiten nicht leicht seyn, Euch auch nun aufzubinden, ein geweyhter Priester müsse aus Mehl und Wasser, durchs Fiat, oder durch sein Wort, den Heiland, den lebendigen Gott, machen können? Das ist Lehre der Katholischen Kirche. Und, wenn Ihr nun die **erste** Verwandlung glaubt, was könnt Ihr gegen die **zwote** einwenden? Und, wenn Ihr nichts dagegen einwendet, weil Ihrs nicht könnt, seyd Ihr denn nicht, wider Danck und Willen, ausgemachte Katholicken und Päbstler? Und, woher kam das alles nun? Daher, weil Ihr Eure Muttersprache

che und Euch selbst nicht verstehet, und, weil Ihr Euren — Katechismus vergessen hattet! So kenne ich viele brave Protestanten, die Tempelherren wurden, aber nichts weniger glaubten, als daß sie eben deswegen Römische Ritter wären. Nur darum ahndeten sie das nicht, weil ihre heimlichen Obern von Religion gar nichts, so wenig als die Rosenkreuzer, **sagten**, und weil diese guten Tempelherren wähnten, ein Jesuit **höre auf** einer zu seyn, sobald er die Freymaurerschürze vorthue, oder den Ordensmantel des Tempels um sich schlage!

Ich will Euch noch eine Freymaurersecte aufstellen, die itzt in Bayern hat ausgerottet werden — sollen. Sie nennen sich Illuminaten; in Deutsch übersezt: Erleuchtete! Die machen denn, wie sich von selbst versteht, ihre Schülerlein erst zu Freymaurern; dann zu Minervalen, oder Söhne der Göttin Minerva,

nerva, — die sich mit dem großen Baumeister, den die Chaldäer, Egyptier, Griechen, Römer, Braminen, in ihren Mysterien schon lange anbeteten, — recht gut verträgt; wenigstens eben so gut, als vormals Jupiter und die ganze himmlische Hofstatt. Ihr könnt auch in dem Büchlein, das ein Illuminat gegen seine Richter schrieb, (und das er Schilderung der Illuminaten mit eben dem Recht nennt, mit welchem die Jesuiten sich — ehrliche Leute nennen,) lesen, daß die frommen Väter der Illuminaten von Athen aus, ihren lieben Brüdern und Söhnen einen gar zärtlichen Gruß und einen Apostolischen Hirtenbrief geschrieben, und das alle Neujahrstage wiederholen, worinnen sie denn nichts geringeres als die Leute sind, ohne welche die Tugend aussterben würde. Diese Secte ist also heimlich, um, durch das Mittel ihrer Heimlichkeit, die große Masse von Tugenden auf der

Erde

Erde auszubreiten! Ist das nicht schön gefunden? Es bedarf freylich um der alleröffentlichsten, erlaubtesten, nothwendigsten Sache, um der praktischen Tugend willen, und daß sie in Deutschland allgemein werde, nichts nothwendigeres, als — das Geheimniß, und, daß dies Geheimniß an — Athen, und aufgestutztes philosophisch moralisches Geschwätz gebunden werde! Mit was für Narrheiten und Schwärmereyen wir uns doch irre machen lassen! Wie die Leute das Maul vollnehmen, das sollt Ihr nun hören. S. 65 sagen sie:

„Wenn ihr wahrhaft liebt, und Wort
„haltet, so wird jeder, mehr als aus al=
„len andern Sachen, erkennen, daß ihr
„— unsre Schüler und Söhne seyd.

Als wenn das Jesus nicht seinen Nachfolgern schon vor 1786 Jahren befohlen hätte? oder, als wenns klüger wäre, Illuminaten=
Söhne

Söhne und Schüler zu seyn, als Jesu Schüler und Söhne!

Weiter:

„Euch ist es vorbehalten, die Erde „zum Himmel umzuschaffen.

Ist das nicht gerade zu Narrheit? Und das sagen und schreiben, mit so großem Aufwand, mit so tiefen Geheimniß umgebene Erleuchtete, zu ihren Bayerschen Griechlein, Minervalen, Schülern und Abeschützen. Hätten diese, als kleine Jungen, einen Lutherschen Katechismus gelernt, so würde ihnen diese Griechische Weisheit das alltäglichste Ding von der Welt geschienen haben. Das alles schwatzen nun die Illuminaten in Bayern, und weil diese Griechische Weisheit es bald dahin brachte, daß diese Freymaurersecte sich für klüger, und also für besser, als ihre übrigen Landsleute hielt, und nicht dachte, daß die Illuminaten-Väter hinter ihrer Sokratischen Weisheit etwas verborgen

borgen haben könnten, was dem Staat und der Religion des Landes nachtheilig werden könnte, vielmehr meynten, es wäre für beede nichts vortheilhafteres, als die theuresten Häupter des gemeinen Wesens, die ersten und besten Köpfe zu — Griechen zu machen, und alle Landesstellen damit zu besetzen, so machten sie bald Anstalt dazu, aber so unvorsichtig, daß — das Münchner Edict darauf erfolgte. Das politische Journal war auch bald hinter sie her, und machte bekannt, daß die Illuminaten, bey manchem Guten, doch gleichwohl **solche Grundsätze hegten und ausübten, daß der toleranteste Staat sie nicht dulden könne.** Das manche Gute war für die blinden Schüler, die lieben Söhne, die Minervalen. Das übrige schlimme für die kalten Illuminaten-Väter, zum Nachtheil des Staats, und das entdeckte endlich der Staat. Nun schreyen die Minervalen, und
alle

alle Halbköpfe dieser Freymaurersecte: Das thaten die Jesuiten. Der Verfasser der Schilderung ist gar so ungezogen, aus dem Journal General de l'Europe eine (— sehr wahrscheinlich von einem Illuminaten selbst erst in dasselbe eingesandte) Stelle, nochmals abdrucken zu lassen, worinn der Kurfürst von Pfalz-Bayern lächerlich gemacht, und ein **Schulmeister** genannt wird. Das haben die großen Herren dem Schutz zu danken, den sie der Mutter und Anfängerin aller geheimen Gesellschaften, der Freymaurerey, schenkten! Ohne die Freymaurerey, die, wie ihre erhabensten Mitglieder selbst laut sagen, ein mystischer Orden ist, dessen Ursprung, Absicht, Endzweck, geheime Obere, **sie selbst nicht kennen**, hätte es nie weder Tempelherren gegeben! also keine Gesellschaft, die die Länder der Fürsten, bey lebendigem Leibe der Regenten, unter sich austheilte; keine Rosenkreuzer, die durchs Fiat die Erde aus ihrem Kreislauf heben,

heben, und alles verwandeln zu können vorgeben, also den Menschenverstand auch in klaren Unsinn umschaffen können, keine Illuminaten, die den Staat politisch in Verwirrung setzen, und wenn man sie auf die Pfoten klopft, den Fürsten einen Schulmeister nennen, und ihn wie einen Schach Baham behandeln. Ohne Daseyn und Ausbreitung der Freymaurerey hätten die Jesuiten auch unter den Protestanten nichts anzetteln können. Ohne die Freymaurerey hätte es so wenig andere, alle auf **Geheimniß**, (so wie sie,) sich herumdrehende Gesellschaften gegeben, als es Kinder ohne Mutter geben kann. Wenn man das nun laut sagt, werden einige warme Köpfe unter ihnen*) böse, schimpfen und schmähen auf Fürsten und andere ehrliche Leute, deklamiren, und — beweisen nie nichts. Es soll **erlaubt seyn,**

daß

---

*) Denn, Gottlob! die Klügern und Bessern unter ihnen haben es längst eingesehen, sind gute vernünftige Christen und stille wackere Staatsbürger.

47

daß Illuminaten einen Kurfürsten einen Schulmeister nennen; es darf laut geschrieben werden, daß die Jesuiten, durch geheime Gesellschaften, durch den Geist der Freymaurerey also, **proteſtantiſchen Fürſten** Neigung zum Katholizismus beygebracht haben; man darf, unter seinem Nahmen, über den deutschen Fürstenbund die ungewaschensten Sachen schreiben; aber es soll **nicht erlaubt** seyn, zu sagen: „**das thaten „Jeſuiten durch die Freymau„rerey!**!" Wer sind denn die Herren? Womit haben sie denn ihren mächtigen Ueberschwang von Würde, der sie sogar noch ehrwürdiger machen soll, als den Fürstenstand, **bewieſen?** Womit denn noch, daß ihr Orden **nicht** eine Jesuitenmaschine sey, so wie **alle** geheime Gesellschaften? Und, werfen denn daß die Fr. M. Secten einander nicht ins Angesicht selber vor? Und wir sollens nicht nach-

nachsagen, oder nun unsre Parthie nehmen? *)

Das ist auch ein Jesuitischer Pfiff, daß es itzt, eben durch den Freyheits- und Unabhängigkeits- und Verschwiegenheitsgeist aller solcher mystischen Gesellschaften, Mode geworden ist, sich seinen Statum in Statu zu formiren, und, als wäre das Philosophie, die Fürsten zu behandeln, als wären sie lauter arme Wichte, die nur dazu da wären, damit die — Frösche auf ihnen herumhüpfen könnten. Diese Freyheit, oder Insolenz vielmehr, gefällt nun eben so gut — protestantischen Fröschen, als katholischen, und wenn Ihr, liebe Freunde, von der Philosophenseuche etwan auch angestecket werden solltet, — weil bisher unsre Fürsten nichts Böses von den geheimen Herren argwohnten, und es ihnen gestatteten, ihre Zahnbrecher-

*) Was für einen Despotismus sich doch die Herren angewöhnt haben, die so sehr gegen Despotismus der Fürsten deklamiren!!

brecherbuden öffentlich aufzuschlagen, — so wißt hiermit, daß das genau Roms Politik ist, die nicht eher ruht, bis Ihr keinen Universalmonarchen, als den zu Rom, anerkennt. Ob er das durch **Aberglauben**, oder durch **Philosophie** möglich macht, das ist am Ende einerley. Aber, er kann es durch beedes. Das beweisen Exempel.

Einer von diesen wilden Herren, die nichts auf die Freymaurerey wollen kommen lassen, und doch auch nicht einen einzigen Vorwurf Herrn Biesters heben können, ist der, dessen Briefe Herr Wieland im März des deutschen Merkurs dieses Jahrs hat abdrucken lassen. Die Noten Herrn Wielands sind zwar schon sehr vernehmlich; aber er hat doch hie und da noch Raum zu mehrern gelassen, und also wollen wir den Herrn Briefschreiber doch auch ein wenig näher vernehmen.

Dank sey es dem Himmel, sagt Herr Wieland, daß es über diese Dinge einmal zur öffentlichen Sprache gekommen ist. Und, da es das ist, so ist es besser, daß sie so lange vor den Augen des Publikums ventilirt werden, bis alles so im Klaren ist, daß niemand, als wer mit sehenden Augen nicht sehen will, sich der bessern Ueberzeugung entziehen kann, und nur ein offenbarer Sykophant mehr auftreten darf, dem, was alle verständige und rechtschaffene Protestanten als Wahrheit anerkannt haben, öffentlich zu widersprechen.

Dies Urtheil unterschreibe ich denn von ganzem Herzen. Nun weiter:

S. 266, oder im dritten Brief, will der Verfasser die Freymaurerey nicht mit unter den gefährlichen **geheimen** Gesellschaften verstanden

den wissen. Das macht er gescheut! Aber nun kommts auf ihn und auf Sein Wollen oder Nichtwollen, hier gar nicht an, sondern darauf, ob die Freymaurerey überhaupt nur eine geheime Gesellschaft ist, oder nicht. Oben habe ich schon die Definition davon gegeben, und wir wollen doch sehen, was der Briefschreiber selbst, unmittelbar, darüber sagt. S. 267 schon sagt er, der Orden rede mit seinen Schülern in **Hieroglyphen, um dem Fremden zu verbergen, was blos für den Orden sey,** und nicht für den Fremden gehöre. Wenn das keine geheime Gesellschaft ist, so verstehe ich meine Muttersprache nicht.

Ferner will er den Vorwurf, daß seiner Gesellschaft, die doch mit der Religion nichts zu thun habe, einige ihrer Glieder *Clericos,* Hochwürdig, also mit geistlichen Benennungen,

gen, auszeichne, widerlegen. Das thut er nun so, daß er sagt: Wir reden in Hieroglyphen und Bildern. Heißt das sich vertheidigen? einen Vorwurf heben? Clericus, sagt er weiter, bedeute im Orden ganz was anders, als: geweyhter Priester. Aber, was bedeutet es denn nun? Und, von **welchem** Orden ist hier die Rede? Vom Fr. M. Orden überhaupt? Oder vom **Tempelherrn-System?** Ist das leztere, so sagt uns ja der Extempelherr Ricaise, und der Tempelherr Anti-Ricaise, einer wie der andere, daß Clericus, in diesem System, ein katholischer wiederhergestellter geistlicher Ritterorden ist, nichts anders als: geweyhter katholischer Priester heißen könne und müsse. Von welchem System ist denn nun der Briefschreiber, dessen **Nein** doch im Publikum nicht einen Deut mehr gelten kann als jener beyden Freymaurer Ja? Noch einen klugen Streich entdecke ich da.

da. Erst sagt er, der Titul: Clericus, bedeute etwas im Orden, und gleich drauf macht er diesen Titul zum leeren — also, zum nichts bedeutenden Titul. Eins von beeden ist also eine Lüge. Aber die Tonsur liegt dem armen Mann am Herz! von der möchte er uns gern ablenken.

Daß die Fr. Mrey nicht den geringsten Bezug auf Religionsmeynung habe, gesteht er gleich drauf auch. Hier ist abermals die Frage: welche Fr. Mrey? Die äußere, die 3 Grade, die nur den großen Baumeister anbeten? Oder die innre, in welcher die Illuminaten den Staat verbessern, und den Deismus auf den Thron setzen; oder in welcher die Tempelherren Jesuiterkonvent halten? oder die Rosenkreuzer die Universaltinctur kochen? Durch solche geflissentliche Unbestimmtheiten arbeitet sich der gute Mann mit Angstschweis durch!

Weiter

„Weiter ſagt er: In der Freymaurerey käme zwar nichts vor, das den geringſten Bezug auf Religionsmeynung habe; (— alſo: **Mey-nung!** Merkt das einſtweilen, es iſt hier ein myſtiſch Wort; —) aber die Glieder ermahn-ten einander doch im allgemeinen, der **Chriſtlichen** Religion treu zu bleiben! Der Chriſtlichen? Nun die Römiſche iſt ja auch eine Chriſtliche. Oder meynt er hier, **alle** Chriſtliche Confeßionen wären **nur Mey-nungen?** Man kann aus dem Mann nicht klug werden. Aber, das wollte er wohl auch nicht! ſonſt hätte er keine Vertheidigung eines Ordens geſchrieben, von dem er bald drauf ſelbſt ſagt, wer ſeine Heimlichkeiten entdecke, der ſey ein Meyneidiger. Nun, wenn er uns denn nichts ſagen darf, wodurch allein er be-weiſen könnte, ſo hätte er, unmasgeblich, gar das Maul halten ſollen. Ju München trat

Pater

Pater Solanus Bürzer auf,*) und predigte auf der Kanzel:

„alle Freymaurer sind Spitzbuben, alle „Spitzbuben sind Freymaurer."

Der Herr Pater war, mit seinem: Alle, ohnfehlbar, mit Ehren zu melden, ein Flegel. Aber, wie wollen die Freymaurer dem Manu das Maul stopfen, wenn sie geschworen haben, nur immer Nein zu sagen, und das Gegentheil nie gerichtlich zu beweisen? Ich meyne nicht, daß sie gerichtlich beweisen sollen, daß nicht alle Freymaurer Spitzbuben sind; denn wer das glaubt, der ist rasend, und wer es laut sagt, muß an den Schandpfal. Aber das, meyne ich, haben die Freymaurer zu beweisen, daß ihr Orden nicht von Jesuiten dirigirt werde, und das heißt mit andern Worten, daß ihn nicht Kö-

---

*) S. 32, der Schilderung der Illuminaten.

higsmörder, also Leute, die noch schlimmer sind, als bloße Spitzbuben, dirigiren. Und es sollte einen Eid geben können, der die Maurer verpflichtete, das Gegentheil hievon nicht zu beweisen? Entweder sie müssen es, auf Gefahr alle ihre Geheimnisse zu entdecken; denn Ehre und guter Nahme geht über alles; oder eben der Umstand, daß ihre Geheimnisse, trotz solcher häßlichen Beschuldigungen, unter welchen so viele höchstehrwürdige Männer, die einmal im Orden sind, leiden, dennoch unverrathen bleiben müssen, macht sie höchstverdächtig. Hier ist nicht die Rede von den Personen, sondern von der Sache, vom Geheimniß des Ordens. Aber mir dünkt, es sey ganz leicht, den Knoten aufzulösen. Pater Solanus ist und bleibt zwar selbst ein Spitzbube, wenn es wahr ist, daß er das gesagt, und alle Freymaurer Spitzbuben genannt hat. Aber, das Geheimniß des Or-

dens wird dadurch nicht verdacht-
loser, daß Pater Solanus die Personen
mit Koth beworfen hat. Das dessous des
cartes ist das: Der Herr Briefschreiber schämt
sich der Ignoranz. Er hätte den Pater Solanus,
und die Berl. M. S. sofort widerlegt, wenn
er nur so ehrlich gewesen wäre, und die Wahrheit gesagt hätte:

„Der Orden hat seine Hieroglyphen,
„auch seine Clericos, auch seine Geheim-
„nisse; aber kein Freymaurer, der die
„Tonsur nicht hat, weis das Ge-
„heimniß, kein solcher kann die Hie-
„roglyphen auflösen. Die aber, die die
„Tonsur haben, das heißt: die Je-
„suiten in der Freymaurer-
„schürze, sind keine Narren, und
„binden das alles dem Publikum auf die
„Nase. Lieber lassen sie den ganzen Or-
„den in die Luft sprengen. Giebts doch
„noch

„noch andere geheime Gesellschaften
„durch die sie würken können.

Das würde Wahrheit gewesen seyn, und gestünde das nur Einmal eine Gesellschaft von 20 rechtschaffnen vorurtheillosen ehrlichen Freymaurern, die man im Publikum als rechtschaffne Maurer schon kennte, mit ihres Nahmens Unterschrift, so wäre die Ehre des guten unschuldigen Ordens gerettet, und keinem Protestanten würde weiter einfallen, die Freymaurer, (als solche, und ohne Zusammenhang ihres Ordens mit den Jesuiten gedacht,) den Staat und der Religion für gefährlich zu halten. Aber, — die Eitelkeit ist dem Briefschreiber lieber, als die Ehre seiner Gesellschaft.

Er meynt zwar, S. 269, nur alsdann könnten die, so das Recht *) dazu hätten,

nach

---

*) Mein Herr, das ist das Protestantische Publikum.

nach Entdeckungen fragen, wenn unbezweifelte Beweise vorhanden wären, daß ein solcher Clericus — (was ihm doch dieser Römische Titul am Herz liegt!) —

a) Lehrsätze der katholischen Kirche öffentlich vorgetragen, oder

b) würklich Protestanten zur katholischen Religion überzugehen verleitet hätte.

Hat das erstere der Verfasser des Nicaise, und sogar sein Gegner, Anti=Nicaise, haben es die Rosenkreuzer in ihrem Hirtenbrief nicht gethan? Hat Biester es nicht genug bewiesen? Ist Ohnfehlbarkeit der geheimen Obern nicht der Grund= und Hauptsatz der Römischen Kirche? Geht man nicht zur Römischen Kirche über, wenn man in eine geheime Gesellschaft geht, die auf Grundsätze dieser Kirche gebauet ist?

Nun

Nun kommt S. 270 gar ein Machtspruch:

„Genug, (sagt er,) es hat niemand
„außer dem Orden nach der Bedeu-
„tung des Worts Clericus zu fragen.

Niemand, mein feiner Herr? Das ist
ja ächter Römischer Kanzelleystil! O, sachte!
der Staat, Herr Freymaurer, hat allerdings darnach, und nach all dem verborgenen
Wesen, das Sie und Ihr Orden treiben, das
große Recht, zu fragen, und, nächstdem hat
es auch das ganze Protestantische Publikum.
Und, wenn Sie und Ihr Orden über dies alles keine Rechenschaft geben wollen, sobald
man darnach fragt, so sind Sie, mein Herr,
und Ihr Orden, Rebellen gegen den Staat,
der keinen geheimen Statum in sich, und am
allerwenigsten eignen, der nur durch Publizität,
und durch die eignen heilsamen Klatschereyen
Ihrer Brüder für so gefährlich gehalten

en werden muß, zu dulden braucht. Was geht uns, was geht den Staat Ihr Ordenseid an? Sie waren eher Staatsbürger als Freymaurer, und Ihr Eid ist also, wenn er Ihnen solche Gesinnungen einflöset, gerade die schlimmste Seite Ihrer Gesellschaft. Sie nennen ihn zwar, S. 272, einen freywilligen Eid; aber, mein Herr, es stand gar nicht in Ihrem, und steht in keines Staatsbürgers freyem Willen, eine eidliche Verpflichtung zu übernehmen, oder, übernahm er sie, sie zu erfüllen, die Sie, oder ihn, hindert, dem Staat von irgend einer Sache, die man Ihm verheimlichet, auf Erfordern, ehrliche Rechenschaft zu geben. Der Eid, den ein Königsmörder in gesalbte Priessterhände schwur, würde, nach Ihren Grundsätzen, auch ein rechtmäßiger Eyd seyn, der ihn bände, den König zu ermorden, und nie zu sagen, wer ihn dazu gedungen habe.

Ich

Ich erwische Sie hier gerade auf einem Erzbösem Jesuitischen Grundsatz.

Spaßhaft klingt es, wenn der Mann, S. 273, sagt:

„Ein Clericus des Ordens darf so wenig
„bekannt machen, was seine Benennung
„im Orden bedeutet, als ein Maurer
„überhaupt sagen darf, woher der Nah-
„me Maurer entstanden sey.

Das erste mag, leider! wohl Wahrheit seyn; aber das zwote ist platte Gaskohnade. Ich schwöre drauf, (und thue das, weil Sie es nicht wegläugnen können,) daß kein einziger Freymaurer es sagen kann, (also vom dürfen wollen wir ja nicht reden!) woher der Nahme seines Ordens entstanden sey. Denn, wenn es Einer, als Freymaurer, könnte, so würden nicht die ältesten und erhabensten Glieder zu Wilhelmsbad zusammengekommen seyn,

seyn, um diese Frage vor allen Dingen zu berichtigen.

Aber, Sie sind auch, bey Ihren Gaskonnaden, ein unartiger Mann. Sie behaupten nehmlich, S. 273, kein ehrliebender Mann, außer dem Orden, werde darnach fragen, was Clericus etc. sey. Wir sollen also, um unsrer Ehre willen, (versteht sich nach Ihren seltsamen Begriffen,) so tumm seyn, und nicht fragen, ob der Jesuiterorden und der Freymaurerorden mit einander verbunden seyn, nachdem selbst Fr. M. einander das publize ins Gesicht gesagt haben? Nun, wer sein Publikum so behandeln kann, hat keine — Stirn mehr!

Endlich wird der Mann, S. 276, gar devot. Er meynt, Biester, oder vielmehr die Herrn Berliner überall, sollten viel lieber gegen Freygeisterey und einschleichenden Sotinismus

nismus fechten, (als gegen Römischen Aber:
glauben und Jesuitische Einflüsse auf die Frey=
maurerey.) Er nennt den Dr. Bahrdts Nah=
men unter andern, dessen Schriften gefährli=
cher wären, als Jesuitische. (So, wenig=
stens, verstehe ich diese Stelle.) Aber mein
Herr, sind denn Menschen, die uns nöthigen
wollen, einen Menschen in Rom, oder die
Conzilienschlüsse zu Trident, für Gott und
göttliche Aussprüche zu halten, nicht zehnmal
ärger, als Socin und sein System? Ists nicht
zehnfach schlimmer, zu glauben, die Römische
Kirche sey ohnfehlbar, als mit Socin anzu=
nehmen, Jesus sey der erhabenste Aeon?
Socin hat, nach aller rechtschaffnen Protestan=
ten Urtheil, da sehr Unrecht; aber Rom noch
vielfach mehr. Und, wenn sie, mein Herr,
dann wollen, daß die Berliner die Freygei=
sterey, oder den Socinismus, oder, welches
am Ende eins ist, den Deismus, (denn
Frey=

Freygeister werden doch hier wohl nicht Atheisten heißen sollen?) rügen sollen; so giebt ja Ihr Orden auch da Blöße genug? Wer ist denn Ihr oberster allmächtiger Baumeister? Und waren denn Ihre Illuminaten, — (wenn sie schon nicht zur strickten Observanz gehören, so wenig als die Loge Royal York zu Berlin, und die eklektischen Logen,) etwas anders, als solche Freygeister? Oder, meynen Sie, wir ließen uns überreden, ein Jesuit könne je, im leidlichsten Fall, wenn er sein Handwerk **ganz** versteht, mehr seyn, als ein **Atheist**! Nicht einmal Deist; denn Mendelssohn und Sokrates waren das leztere auch, aber sie waren **ehrliche** Leute; das kann aber ein Jesuit, wenn er anders seyn will, was er, dem Institut nach seyn muß, nie seyn. Ich sage **nicht**: alle Jesuiten seyn Schurken; aber ich sage: ihr System und Institut sey Schurkerey, und jeder, der dasselbe im

vollen

vollen Maas und Umfang kennt und ausübt, der ist ein Schurke, und zwar ein Erzschurke.

Nun macht er sich, S. 278, an Herrn Nicolai, und giebt den für den ersten an, der die Furcht für den Jesuiten veranlasset habe. Herr Nicolai wird ihm ohnfehlbar auf alles dienen, was er von ihm sagt.

Endlich läßt er, S. 283, seinem Freund ein paar Fragen thun, über welche Herr Wieland gar keine Anmerkungen machen will, so wenig, als über den ganzen 4ten Brief. So will ich es denn. Die Fragen sind folgende:

a) Ob die Benennung der Clericorum zur wahren, oder zur Aftermaurerey gehöre?

Von welcher von beeden der Briefschreiber sey, das erhellet sehr deutlich aus der Angst über die Clericos! diese gehören zum Tempelherren-System, also zur strickten Observanz.

Und

Und diese ist, wie Fr. M. Schriften selbst sagen, aus Römischen Mistbeet gezogen. Also dahin gehört der Briefschreiber auch, dem die Clerici, und ihre Würde, so unbeschreiblich fest auf der Haut liegen. Das zeigt er noch deutlicher, wenn er nun die Frage beantwortet, wie folget:

„Die Benennung: Clericos sey Sprache „des *wahren* Fr. M. Ordens.

Also, das Tempelherren-System ist allein die wahre Freymaurerey. Nun, hierüber mögen sich dann die andern Systeme mit dem Herrn abfinden. Aber, nach allen vorigen Prämissen, ist diese Maurerey, *eben darum*, weil sie die *allein wahre* ist, auch die *schlimmste*, und just die, welche Rom am nächsten liegt. Der Konvent zu Wilhelmsbad bestätigt das selbst, weil er dies System dem Staate für gefährlich hält. Die andern Systeme werden also wohl thun, wenn sie diesem die Ehre allein gönnen, die es sich, wenn anders der Briefschreiber vox et tuba Clericorum wäre, — so unvorsichtig und doch so frech zuschreibt. Afterfreymaurer ist also besser, als wahrer; denn wahrer ist Tempelherr, und Tempelherr ist Jesuitengenoß, sagt St. Nicaise ganz deutlich, der für uns Profane ein kanonisches Fr. M. Buch ist. Meiner Meynung aber nach, da mir alle Systeme der Fr. M. herzlich einerley sind, ist es eine Albernheit, vorm Publikum von wahrer oder Aftermaurerey zu reden. Denn alle Systeme sind, in sofern, wahr, als sie Systeme Eines geheimen Ordens sind; und alle sind Aftergesellschaften, in sofern sie Statum in Statu machen. So ohngefähr mag sie der Kaiser betrachtet haben, und unterwarf sie, wie billig, der Polizey, und so hörten, in Seinen Landen, die Fr. M. auf, geheime Gesellschaft

schaft zu seyn. So sollten es alle Fürsten machen, und durchaus keine geheime Gesellschaft im Staat leiden, und so hätten wir Friede.

Die zwote Frage ist, von welchem geheimen Orden dies Berliner Monats — Blatt — (es heißt: Schrift;) rede, welcher solche katholische Nahmen haben solle? Er antwortet, daß es allerdings der hohe Orden, (da haben wir ja den demüthigen Schildknappen der erhabenen Tempelritter!) der strickten Observanz sey. Er meynt, die Monatsschrift verwechsele diesen Orden offenbar mit den Rosenkreuzern. Nein, mein Herr, das thut sie nicht; aber vermuthlich wollten Sie nicht recht lesen, oder uns irre machen. Und, meynen Sie, wir sollten es Ihnen auf Ihr Wort glauben, daß alles, was Nicaise vom Tempelherrensystem geschrieben habe, nun veraltet sey?

ſey? Wenn es das wäre, wozu brauchten Sie ſich denn itzt noch des hohen Ordens und ſeiner zur wahren Maureren gehörigen Clericorum ſo ängſtlich anzunehmen? Iſt dieſer Orden wahr, ſo muß er ja noch exiſtiren, und was heißt alſo hier: veralten? Ueberhaupt aber, wer kann einem Menſchen auf ſein Wort glauben, der da prämittirt, ſein Eid halte ihn ab, nack̄te Wahrheit zu ſagen, und der keinem Menſchen das Recht einräumt, nach dieſer Wahrheit fragen zu dürfen?

Seht nun, liebe Proteſtantiſche Freunde, ſo geht es in der Freymaureriſchen Welt, die ohngefähr das unter Euch iſt, was Kornwürmer in einem Haufen Frucht ſind, zu. Leſet mein Büchlein fleißig und bedächtlich. Es koſtet nicht viel, und haltet eure jungen Burſche ja fein ab, daß ſie die Naſen nicht zu hoch tragen ꝛc. Laßt Euch aber, aus Gutherzigkeit,

auch

auch nicht gleich das Seil über die Hörner werfen, wenn ihr das magische Wort: Toleranz, hört. Es ist freylich schlimm, daß wir einander ehemals verfolgten, und daß das die katholischen Pfaffen da, wo sie es dürfen, noch an den Protestanten thun; aber, wenn es gleich sehr unrecht wäre, ihnen gleiches mit gleichem zu vergelten, so braucht Ihr doch darum noch lange nicht zu glauben, es sey Intoleranz, wenn man, protestantischer Seits, sich mit einer Religionsparthey nicht vereinigen will noch kann, die ein für allemal auf menschlicher Ohnfehlbarkeit beruhet, an ihr System die ewige Seeligkeit ausschlußweise bindet, und also bey der Vereinigung nichts weiter als — Unterwerfung von unsrer Seite sich denkt. "Merkt Euch nur immer das, unsre Protestantische Religion ist klüger und also besser, und macht klüger, und also besser, als die Römische, und das ist den

Herren

Herren zu Rom nicht gelegen. Darum machen sie sich erst an die Lehrsätze, und wenn sie es so weit haben, daß ihr's für einerley haltet, Jesu Wort zu folgen, oder Euch von seinem anmaslichen Statthalter reuten zu lassen, (das ist die Toleranz, die die Herren gern sähen!) so ists um Euern Menschenverstand, aber auch um eure Freyheit, geschehen. Weil sie nun wissen, daß ihr ihnen, so lange ihr Eurer Erkänntniß und Verstande treu bleibt, überlegen seyd, so folgt natürlich, daß sie Euch um beedes bringen müssen, wenn sie Euch überlegen seyn wollen. Gerade zu können sie das nicht möglich machen. Daß ein Mensch zu Rom ein Halb= oder Ganzgott sey, die platte Lüge glaubt ihr nicht. Also legen sie es von weitem an, und bestechen Euern Verstand mit dunkeln mystischen Gegenständen des Vielwissens, der Neugierde; Euer Herz aber können sie mit Komplimenten an Eure

Gros=

Grohsmuth, und mit Lockbeeren eingebildeter Freyheit. Sie bitten um Toleranz, in Gegenden, wo Ihr daheim seyd; sie ertrogen sie, in solchen, wo die Leute nicht sehr auf ihrer Hut sind, und fünf eine gerade Zahl seyn lassen; sie versagen sie aber ganz, wo sie allein herrschen. Kehrt Euch nicht dran, daß ihr hört, der Kaiser dulde ja auch die Protestanten. Das können und werden unsre Fürsten in Absicht der Katholiken auch, und haben es lange vor dem Kaiser schon gethan. Aber, Ihr habt noch nie gehört, und werdet es nie, daß der Kaiser den Protestanten etwas zum Nachtheil der Katholiken einräume, oder gar sie zu Protestanten machen wolle. Uns aber nach und nach dem Stuhl Sanct Peters zu unterjochen, das wollen sie. Ihr seht also, es ist ein großer Unterschied zwischen des Kaisers Toleranz, und zwischen dem Vereinigungsplan der

E 5 Römer.

Römer. Auch das überlegt ja wohl, daß Rom mit des Kaisers menschenfreundlicher und vernünftig politischen Toleranz gar nicht zufrieden ist, und daß das vielleicht nur so lange dauert, als der Kaiser lebt. Ihr hört ja, wie viel Ihm seine Pfaffen noch immer zu schaffen machen, und wie sie, wo es nur angeht, seine Toleranzbefehle unausgeführt lassen. Das alles sage ich Euch, Gutherzige, oder Leichtsinnige, unter meinen Protestantischen Brüdern.

Nun auch ein Wort zu Euch, Neugierige. Ihr habt freylich die unschätzbare Glückseligkeit, die Vortheile zu besitzen, die unsern herzhaften Vorfahren alles kosteten, was man auf der Welt verlieren kann. Euch aber kostet es nichts, als den Willen, sie Euch zu Nutz zu machen. Ihr habt die volle Freyheit, Eure vernünftige Religion laut zu bekennen,

und

und in ihrer Ausübung so glücklich zu seyn, als ein denkendes Wesen es nur immer vermag. Diejenigen unter uns, welche in dick-katholischen Ländern mit Herz und Verstand gereiset sind, sagen es Euch, was Pfaffendespotismus über Verstand und Herz für ein Elend ist. Davon empfindet Ihr nichts. Ihr solltet das Gott täglich danken; aber über dem langen friedlichen Genuß dieses Eures Glücks habt Ihr seinen großen Werth vergessen. Es geht Euch wie jener Christlichen Gemeinde, zu der Paulus sagte: Ihr seyd satt. Ihr seyd zu klug, und darum gerade, so widersprechend das immer klingt, wollt Ihr — noch klüger werden. Ihr habt wenig genug zu glauben, nun werdet ihr lüstern, noch viel weniger zu glauben, und recht viel zu wissen. Gerade so giengs den alten Christen auch, und es fanden sich gar bald Leute, die sich dieser Disposition zu bedienen wußten. Es entstan-

den

den bald Leute unter ihnen, die man Gnosticker nannte, Vielwisser. Die kneteten Chaldäische, Egyptische, Jüdische, Platonische und andere Grillen untereinander, gaben sich für weit erleuchtetere Christen aus, als die Apostel waren, und das sind die falschen Apostel, mit denen Paulus, Petrus, Johannes, so viel zu kämpfen hatten. Leset die Briefe dieser Apostel nur mit Verstande. Schon damals gabs devote frömmelnde Gnosticker, und aufgeblasene Freydenkersche, die sich aus der Bibel nichts machten, so gut als itzt. Sie verführten die Weiblein, und nahmen den Menschenverstand eben dadurch gefangen, daß sie vorgaben, sie wollten ihn erleuchten. Sie hatten ihre geheimen Schulen, so wie wir itzt unsre Logen haben. Aus ihnen giengen Schwärmer, Grillenfänger, Läugner der Gottheit Jesu, und der Aechtheit biblischer Bücher hervor. Ihr seht, es geschieht nichts

neues

neues unter der Sonne; nur die Form wird nach dem Zeitbedürfnis zugeschnitten. Schon zu Pauls Zeiten gab es geheime Gesellschaften, Leute, die geheime politische und kirchliche Baue aufführten, also Illuminaten, Rosenkreuzer, Insoucians, Freymaurer. Nur hießen sie anders. Das Generalwort war damals: **Gnosticker**; so wie ißt: **Frey-maurer**. Diese lezterrn, und ihre mannichfaltigen Systeme, haben in ihrem geheimen Innern nichts anders zum Gegenstande, als was jene ältern mannichfaltigen Gnostischen Branchen auch hatten. Diese widersprachen und verfolgten einander eben so gut, als es jene ißt noch thun. Einzeln gab es unter den Gnostickern eben so brave ehrliche Leute, als es solche ißt unter den Freymaurern, Katholiken, Juden und Türken giebt. Aber das System taugte nichts, und das wußten diese ehrlichen Leute nicht, und glaubten nicht, daß

sie

sie in sehr schlechter Gesellschaft waren. Von dieser Seite müßt Ihr das alles ansehen, so werdet Ihr jedem einzelen Mann Gerechtigkeit wiederfahren lassen, aber deshalb nicht, aus Neugierde, nach gefährlichen Geheimnissen jagen. Habt auf Euch und Eure Leidenschaften acht! Es giebt keinen bessern und sicherern Köder für menschlichen Verstand, Herz und Einbildungskraft, als — das Wunderbare und die Gnosis, und das Geheimniß. Rom hat von dem allen großen Vorrath. Sein ganz System beruht allein auf diesen dreyen. Ihr seyd gewarnt! Nun, braucht Euern gesunden Verstand, oder verläugnet ihn! Die Folgen in beeden Fällen wißt

Ihr.